बिजनेस सीक्रेट्स

बिजनेस सीक्रेट्स

मोतीलाल ओसवाल

प्रभात प्रकाशन

प्रकाशक • **प्रभात प्रकाशन प्रा. लि.**
4/19 आसफ अली रोड,
नई दिल्ली-110002

संस्करण • 2025
मूल्य • RS 399.00
मुद्रक • देल्ली

BUSINESS SECRETS *by* Shri Motilal Oswal
Published by Prabhat Prakashan Pvt. Ltd., 4/19 Asaf Ali Roac RS 399.00
e-mail: prabhatbooks@gmail.com ISBN 978-81

**

माँ अन्सूदेवी, भाइयों—झावेरी भाई और राजू,

पत्नी विमला, पुत्री प्रतीक्षा तथा पुत्र प्रतीक को

जिन्होंने मेरे लिए

त्याग किए तथा जिनका मुझे असीम

प्यार मिला।

**

प्रस्तावना

इस पुस्तक को तैयार करने की प्रेरणा मुझे अपने सह-प्रोमोटर रामदेव अग्रवाल से मिली, जिन्होंने धनार्जन से संबद्ध विचारों पर एक पुस्तक तैयार की थी। दरअसल वह पुस्तक एक पुस्तिका के रूप में है, जिसमें स्टॉक मार्केट पर सूक्तियों और विचारों को समाहित किया गया है।

उस पुस्तिका की लोकप्रियता ने मुझे काफी प्रभावित किया। फलस्वरूप उसी तरह की पुस्तिका मैंने बिजनेस और मैनेजमेंट पर तैयार की, जिसमें प्रभावशाली सूक्तियों का संग्रह किया गया है।

मेरी ऐसी आदत बन गई कि मैनेजमेंट (प्रबंधन) तथा नेतृत्व-क्षमता की पुस्तकें पढ़ना मुझे अच्छा लगने लगा। लंबे समय तक पुस्तकें पढ़ने के कारण मेरी ऐसी गंभीर आदत बनी। मैं पीटर ड्रकर, ब्रायन ट्रेसी, जैक वेल्च, रामचरन, पीटर सेंज, रोबिन शर्मा, जिग जिगलर, एड्रियन स्लीवोत्स्की, नेपोलियन हिल, सैम वाल्टन, अजीम प्रेमजी तथा अन्य अनेक महापुरुषों का आभारी हूँ, जिनकी पुस्तकों एवं रचनाओं ने मेरी बुद्धि और ज्ञान को बढ़ाने में मदद की। इन महापुरुषों के विचारों तथा चिंतन को मैंने इस पुस्तिका के माध्यम से आप तक पहुँचाने का प्रयास किया है।

मैं समझता हूँ कि छोटे वाक्य या सूक्तियों का प्रभाव गहरा तथा स्थायी होता है। ऐसे वाक्य तथा सूक्तियाँ प्रेरणा देती हैं तथा हमें जीवन में आगे बढ़ने के लिए संबल प्रदान करती हैं। कई अवसरों पर ये सूक्तियाँ हमारी संकल्पना को स्पष्ट करती हैं तथा विचार-निर्माण में मदद करती हैं। इतना ही नहीं, दैनिक जीवन में भी इनसे मुझे वैचारिक मदद मिलती है।

मैंने अपने दोस्तों तथा सहयोगियों को एस.एम.एस. के माध्यम से इन सूक्तियों तथा विचारों को भेजना शुरू किया। बदले में मुझे भी बहुत अच्छी-अच्छी सूक्तियाँ मिलने लगीं। इस पुस्तिका में उन सब सूक्तियों को शामिल किया गया है। हालाँकि बहुत सी सूक्तियाँ विभिन्न पुस्तकों, रचनाओं तथा पत्रिकाओं से ली गई हैं। इनमें कुछ मेरी सूक्तियाँ भी हैं।

सूक्तियों तथा विचारों का चयन करते समय मैंने इस बात पर ध्यान दिया है कि वे प्रासंगिक हों, सरल हों, प्रभावकारी हों तथा प्रेरणादायी हों। पुस्तक का कथ्य बोझिल न बने, इसलिए रुचिकर तथा हास्य भाव पैदा करनेवाले कार्टून चित्रों का इस्तेमाल किया गया है।

मुझे उम्मीद है, आप पुस्तक को आद्योपांत पढ़ेंगे तथा यह आपको प्रेरित करेगी। नेतृत्व क्षमता तथा मैनेजमेंट का सार तत्त्व इसमें आप पढ़ सकते हैं।

मैं एच.आर. टीम से राहुल विटेकर तथा ब्रांड टीम से रमणिक छाबड़ा, हरिकृष्णन एवं जिगिषा द्विवेदी की सराहना किए बिना नहीं रह सकता; क्योंकि इस पुस्तिका को तैयार करने में इनकी सकारात्मक भूमिका रही।

मुझे खुशी होगी, जब इन सूक्तियों के बारे में आपका अमूल्य सुझाव मुझे प्राप्त होगा। मैं चाहता हूँ कि आप सब मुझे अपनी रुचिकर सूक्तियाँ इस इ-मेल पर भेजें—motilal@motilaloswal.com इससे मुझे बहुत खुशी होगी, साथ ही इन सूक्तियों को अद्यतन करने में भी मदद मिलेगी।

शुभकामनाओं सहित,

—मोतीलाल ओसवाल

अनुक्रम

भविष्य के साम्राज्य का निर्माण सबसे पहले दिमाग में होता है।

—सर विंस्टन चर्चिल

अंतर्दृष्टि

हमारे सपने बड़े हों, हमारी महत्त्वाकांक्षा ऊँची हो, हमारी प्रतिबद्धता गहरी हो और हमारे प्रयास बड़े हों।

—धीरूभाई अंबानी

* *

आप जो कुछ भी सोचने जा रहे हैं, बड़ा सोचिए।

—डोनाल्ड ट्रंप

* *

जब सही अंतर्दृष्टि हो तो लोग उससे सीखते हैं तथा श्रेष्ठता सिद्ध करने की कोशिश करते हैं। वे ऐसा इसलिए नहीं करते कि उन्हें ऐसा करने के लिए कहा जाता है, बल्कि इसलिए करते हैं, क्योंकि वे ऐसा करना चाहते हैं। **—पीटर सेंज**

* *

किसी चीज को देखना और अपना नजरिया न बनाना वाकई भयावह बात है। **—हेलन केलर**

* *

बहुत सारे लोग हाथियों का शिकार करने की बजाय चींटियों का पीछा करते हैं। **—रोबिन एस. शर्मा**

* *

यदि आप किसी चीज की कल्पना कर सकते हैं तो उसे प्राप्त भी कर सकते हैं। यदि आप सपने देख सकते हैं तो वैसा बन भी सकते हैं। **—विलियम ऑर्थ वार्ड**

* *

यदि हमारे बीच एकता है तो किसी बात की परवाह नहीं। यदि हमारे बीच एकता नहीं तो भी किसी बात की परवाह नहीं।

—एलन के. सिंपसन

अवसर को देखना तथा उसका सदुपयोग करना— इन दोनों में बहुत बड़ा अंतर होता है।

—पैट गुरिट्ज

कार्यालय की दीवारों पर बहुत सारे दूरदर्शी विचारों के टँगे होने से अच्छा है, किसी एक को भी हृदयंगम करना।

—रॉबिन एस. शर्मा

* *

जंगल की तरफ जानेवाले दो रास्तों में मैं कम दूरीवाले रास्ते का चयन करूँगा।

—रॉबर्ट फ्रॉस्ट

* *

आप चीजों को देखते हैं और कहते हैं—ऐसा क्यों? लेकिन मैं चीजों का सपना देखता हूँ, जो पहले नहीं थी और कहता हूँ—'ऐसा क्यों नहीं होता?'

—जॉर्ज बर्नार्ड शॉ

* *

कार्य के बिना अंतर्दृष्टि दिवास्वप्न की तरह है तथा अंतर्दृष्टि के बिना कार्य बुरे सपने की तरह है।

—जापानी कहावत

* *

रफ्तार से अधिक निर्देश महत्त्वपूर्ण है। हम गतिसूचक यंत्र देखने में इतने व्यस्त हो जाते हैं कि मील के पत्थर को भी भूल जाते हैं।

—अज्ञात

* *

हमें अपने रास्ते को तारों की रोशनी से ही देखना होगा, न कि गुजरनेवाले समुद्री जहाजों की रोशनी से।

—ओमर एन. ब्रैडली

□

किसी कंपनी के लिए प्रतियोगी दबाव या बाजार की सिकुड़न का सामना करने के लिए सबसे अच्छी रणनीति यह है कि मुख्य अंश पर वापस आया जाए तथा वहाँ ठहरा जाए।

—क्रिस जूक एवं जेम्स एलन

रणनीति

जीवनकाल के अध्ययन के आधार पर मुझे यह तथ्य हाथ लगा है कि शोध और अभ्यास शून्य आधारित सोच है।

—ब्रेन ट्रेसी

* *

मार्केटिंग की तुलना में मार्केट बहुत तेजी से बदलते हैं।

—निर्माल्य कुमार

* *

उच्च लागत पर अच्छी सेवा पेश करना आसान है। कम लागत पर घटिया सेवा पेश करना आसान है। लेकिन कम लागत पर अच्छी सेवा पेश करना कठिन है। परंतु यही हमारा लक्ष्य है।

—हर्ब केलहर

* *

आनेवाले समाज के कॉरपोरेशन के अंतर्गत टॉप मैनेजमेंट ही कंपनी होगी तथा सबकुछ आउटसोर्स किया जा सकेगा।

—पीटर ड्रकर

* *

सफलता बड़ी होने पर उसमें रणनीतिक जोखिम भी अधिक होता है। लेकिन सफलता वही पाता है, जो जोखिम को कम-से-कम देखता है तथा सफलता के लिए कुछ भी (मेहनत) करने को तत्पर रहता है।

—एड्रियन जे. स्लीवोत्स्की

* *

विक्रय बल मोटरगाड़ी के इंजन की तरह होता है। पूरी मोटरगाड़ी की रफ्तार और सक्रियता विक्रय बल की अश्व-शक्ति और क्षमता से निर्धारित होती है।

—ब्रायन ट्रेसी

यदि आप मार्केट शेयर प्राप्त करना चाहते हैं तो सबसे पहले माइंड (मस्तिष्क) शेयर प्राप्त करें।

—अज्ञात

* *

तीन कसौटियों के आधार पर यदि मुझे कंपनी चलानी हो तो वे तीन कसौटियाँ ये होंगी—ग्राहक-संतुष्टि, कर्मचारी-संतुष्टि तथा नकदी बहाव (यानी नकद पैसे का आना-जाना)।

—जैक वेल्च

* *

सोचें वैश्विक स्तर पर और कार्य करें स्थानीय स्तर के अनुसार।

—पैट्रिक गेडेस

* *

आपके संगठन को शानदार तरीके से चलाने के लिए जिन कुछ चीजों की जरूरत होती है, उन पर ध्यान केंद्रित करना चाहिए।

—पीटर ड्रकर

* *

एक बार जब छूट मूल्य रणनीति का सहारा लेते हैं तो उसे कभी भी अधिमूल्य कीमत ब्रांड में नहीं बदल सकते।

—जॉन एच. मेयर्स

* *

यदि मुझे छोटी और मुनाफे वाली कंपनी तथा बड़ी और अलाभकर कंपनी में से किसी एक को चुनना हो तो मैं पहली को चुनूंगा।

—मोतीलाल ओसवाल

* *

मार्केटिंग के चार मुख्य अवयव हैं—विशेषज्ञता, विभेदीकरण, वर्गीकरण तथा एकाग्रता।

—ब्रायन ट्रेसी

प्रभावोत्पादकता और क्षमता में अंतर है। क्षमता से कार्य सही तरीके से होता है और प्रभावोत्पादकता से सही कार्य होता है।

—पीटर ड्रकर

* *

सफल कंपनियाँ उतनी ऊर्जा लगाती हैं जितनी महान् बिजनेस मॉडल बनाने में एक बड़ा प्रोडक्ट तैयार करने में।

—एड्रियन जे. स्लीवोत्स्की

* *

सही प्रश्न पूछने के लिए उतनी दक्षता की जरूरत होती है, जितनी दक्षता सही उत्तर देने के लिए होनी चाहिए।

—रॉबर्ट हाफ

* *

पूर्व योजना बनाकर घटिया प्रदर्शन से बचा जा सकता है।

—आर्की डब्ल्यू. डनहैम

* *

अपोषित और नए-नए बाजारों की खोज करें।

—थॉमस जी. स्टेमबर्ग

* *

मैं हमेशा इस बात में विश्वास करता हूँ कि लोग किसी वस्तु की कीमत भूल जाते हैं, लेकिन उसकी गुणवत्ता को लंबी अवधि तक याद रखते हैं।

—स्टैनली मार्कस

* *

योजना बनाने में असफल होना असफल होने की योजना बनाना है

—एलन लैकीन

उद्यमशीलता से संबद्ध व्यवसाय में मान्यता या धारणा को प्रत्येक तीन हफ्ते बाद संशोधित करना चाहिए या बदल देना चाहिए।

—स्कॉट मैकनीली

* *

किसी भी व्यतीत होनेवाले साल में आपका सबसे प्यारा विचार हो सकता है—समय की बरबादी न होने देना।

—चार्ली मंजर

* *

हमारी बहुत सारी समस्याएँ सही ढंग से कार्यान्वयन न होने, गलत प्राथमिकता तथा प्राप्त न होनेवाले लक्ष्य निर्धारित करने के कारण होती हैं।

—जे.आर.डी. टाटा

* *

हम केवल उचित मार्केट शेयर को नहीं देखते बल्कि हमेशा लाभदायक मार्केट शेयर देखते हैं।

—मोतीलाल ओसवाल

* *

आपकी बैकरूम सर्विस एक्टीविटीज औरों की फ्रंट रूम एक्टीविटीज से बेहतर होनी चाहिए।

—पीटर ड्रकर

* *

सफलतापूर्वक पहल करने का अर्थ है प्रतिबद्धता के प्रति जोश तथा उस पर पूरा-पूरा केंद्रित करना।

—जैक वेल्च

* *

ध्यान दीजिए, आपके परिणाम झूठ नहीं बोलते।

—लाउ होल्ट्ज

व्यावसायिक योजना मार्गदर्शक की तरह होती है, लेकिन यह स्वतः कार्य नहीं करती। इसलिए लचीला रुख अपनाएँ और इसे लागू करें।

—राजू शेटे

* *

आँकड़ों के अध्ययन से अपने आप नए विचार उत्पन्न नहीं होते।

—एडवर्ड डि बोनो

* *

असाधारण उत्पादों और सेवाओं के लिए ही बाजार असाधारण पुरस्कार प्रदान करता है।

—ब्रायन ट्रेसी

* *

अवसर किसी की प्रतीक्षा नहीं करते—न तो रणनीति की और न ही रणनीति बनानेवालों की। अवसर आज आते हैं और कल चले जाते हैं।

—अजीम प्रेमजी

* *

हम विफलता से हमेशा 18 माह दूर होते हैं।

—बिल गेट्स

□

हम लोगों में से अधिकांश के साथ सबसे बड़ा खतरा यह नहीं होता कि हमारा लक्ष्य बहुत ऊँचा होता है तथा हम इसे प्राप्त नहीं करते, बल्कि यह होता है कि हमारा लक्ष्य बहुत साधारण होता है तथा उसे हम आसानी से प्राप्त कर लेते हैं।

—माइकलएंजेलो

लक्ष्य

विस्तृत लक्ष्य लोगों की कल्पना को ज्वलंत बनाते हैं तथा संगठन के लिए क्षमता प्रदान करते हैं; लेकिन यह तभी संभव होता है जब वे लक्ष्य प्राप्त करने योग्य हों।

—माइकलएंजेलो

* *

जब आप लक्ष्य निर्धारित करते हैं तो आपके अंतर्मन से आवाज आने लगती है, लक्ष्य प्राप्त करने के लिए शुरू करते हैं। और उच्चतम सीमा तक प्रयास करते हैं।

—जिग जिगलर

* *

लक्ष्य निर्धारित करने का अर्थ है—समय-सीमा के भीतर सपनों को पूरा करना।

—डायना हंट

* *

दुनिया उसी को जगह देती है, जो यह जानता है कि उसे कहाँ जाना है।

—आर.डब्ल्यू. इमर्सन

* *

मात्र 3 फीसदी लोग ही लक्ष्य निर्धारित करते हैं, बाकी लक्ष्य निर्धारित किए बिना ही उसे प्राप्त करने की कोशिश करते हैं

—ब्रायन ट्रेसी

* *

जिन्होंने लक्ष्य निर्धारित किया है, वे इसलिए सफल होते हैं, क्योंकि उन्हें पता है कि वे कहाँ जा रहे हैं।

—अर्ल नाइटिंगेल

अपने लक्ष्य की प्राथमिकताओं को निर्धारित करें। सफल लोगों के साथ यह देखा गया है कि वे पहले करनेवाले काम को प्राथमिकता के अनुसार पहले पूरा करते हैं। वास्तव में बड़े लक्ष्य इसलिए नहीं हासिल होते, क्योंकि हम दूसरे कामों में लग जाते हैं और उसे पहले नहीं करते।

—रॉबर्ट मैकेन

* *

लक्ष्य उपलब्धि की भट्ठी का ईंधन होता है।

—ब्रायन ट्रेसी

* *

जीवन का अर्थ तभी होता है, जब आप लक्ष्य निर्धारित करते हैं तथा लगातार उसका पीछा करते हैं।

—लेस ब्राउन

* *

अंतिम विश्लेषण से यही पता चलता है कि चिंता तथा भय से मुक्ति पाने का अंतिम उपाय है अनुशासित होना तथा लक्ष्य-प्राप्ति की दिशा में उद्देश्यपूर्ण कदम बढ़ाना।

लक्ष्य-प्राप्ति के लिए खुद को व्यस्त कर लीजिए, सफलता जरूर मिलेगी

—ब्रायन ट्रेसी

□

कंप्यूटर यह तो बता सकता है कि आपने क्या बेचा है, लेकिन यह कभी नहीं बता सकता कि आप कितना बेच सकते थे।

—सैम वॉल्टन

लोग

एक अवसर के संदर्भ में साधारण लोगों से साधारण परिणाम की ही प्राप्ति हो सकती है। **—आदित्य विक्रम बिड़ला**

* *

कार्य करते हुए आनंद की प्राप्ति नहीं हो तो शायद ही सफलता मिले। **—डेल कार्नेगी**

* *

अच्छा करनेवाले लोग चाहते हैं कि अच्छा परिणाम कैसे प्राप्त किया जाए। अच्छा परिणाम प्राप्त करने का एक ही उपाय है— प्रशिक्षण और प्रतिक्रिया एक साथ प्राप्त किए जाएँ।

—डेविड नोवक

* *

संघर्ष को व्यवस्थित करते हुए व्यक्ति को कभी भी हाशिए पर नहीं जाना चाहिए। **—आर.ए. माशेलकर**

* *

प्रशंसा अलग हटकर होनी चाहिए। यह तत्काल होनी चाहिए। यह लोगों के बीच की जानी चाहिए और यह ईमानदार होनी चाहिए।

—रॉबिन एस. शर्मा

* *

हृदय की तरह दिमाग भी वहीं जाता है, जहाँ उसे प्रशंसा मिलती है।

—रॉबर्ट एस. मैक्नामरा

* *

असफलता के समय प्रोत्साहन का एक शब्द सफलता के समय एक घंटे की तारीफ से अधिक अच्छा होता है।

—अज्ञात

प्रोत्साहन ही काफी नहीं है। यदि आप एक मूर्ख को प्रोत्साहित करते हैं तो एक प्रोत्साहित मूर्ख ही आपको मिलेगा।

—अज्ञात

* *

किसी भी ब्रांड के असली मैनेजर उसकेकर्मी होते हैं और यदि आप कर्मियों पर निवेश नहीं करते तो इसका अर्थ है कि आप अपने ब्रांड पर निवेश नहीं कर रहे हैं।

—एड्रियन जे. स्लीवोत्स्की

* *

अलग-अलग लोगों को अलग-अलग तरह से पुरस्कृत करना चाहिए। पुरस्कार लोगों की क्षमता के अनुसार देना चाहिए।

—रॉबिन एस. शर्मा

* *

हम पाते हैं कि लोग किसी संगठन को दो कारणों से छोड़ते हैं। पहला—वे अपने बॉस को पसंद नहीं करते तथा दूसरा—उन्हें पर्याप्त प्रशंसा नहीं मिलती।

—डेविड नोवाक

* *

आप कर्मियों के कार्य-संपादन तथा चरित्र पर ध्यान दें, न कि इस बात पर कि आप उन्हें कितना पसंद करते हैं।

—पीटर ड्रकर

* *

लोगों (कर्मियों) को यदि अच्छा भुगतान किया जाए तो वे हमेशा मेहनत से कार्य करते हैं। यदि आप मूँगफली देंगे तो बंदर ही आएँगे।

—आर्मंड हैमर

जैसा आप अपने कर्मियों से व्यवहार करते हैं, वैसा ही वे ग्राहकों से व्यवहार करते हैं।

—जॉन मूर

* *

यह निश्चित है कि लोग अपनी गलतियों से सीखते हैं और आगे बढ़ते हैं और वे अपनी सीख को दूसरों को बताते भी हैं।

लेकिन आप यह भी निश्चित करें कि एक ही गलती आप दुबारा न करें। इस नियम को साफ तौर पर समझ लें—यदि आपसे कोई गलती हो तो हमेशा नई गलती हो।

—फिल डोराडो

* *

यदि आप कुपात्र व्यक्ति को अधिकार-संपन्न बनाते हैं तो आपको विनाश का ही सामना करना पड़ेगा।

—अज्ञात

* *

दुनिया के बहुत सारे कर्मियों को इस तरह नियंत्रित किया जाता है कि उनकी सोच बन जाती है—'यदि हम स्वतंत्र चिंतक और नव-प्रवर्तक बन जाएँगे तो यह हमारे कैरियर के लिए हानिकारक होगा।'

—रॉबिन एस. शर्मा

* *

हमें यह जानना चाहिए कि हमारा वेतन ग्राहकों से मिलता है, न कि उस कंपनी से जहाँ हम कार्य करते हैं।

—अज्ञात

* *

बॉस के रूप में आपको उन लोगों को बदलने की कोशिश नहीं करनी चाहिए, जो खुद नहीं बदलना चाहते!

—मार्शल गोल्डस्मिथ

लोगों पर शर्त लगाइए, रणनीतियों पर नहीं।

—मार्क ए. ब्राउन

**

ज्ञान कर्मियों का प्रबंधन एक तरह का 'मार्केटिंग जॉब' (प्रबंधन कार्य) है। और मार्केटिंग में कोई इस सवाल से शुरुआत नहीं करता है—"हम क्या चाहते हैं?" बल्कि वह शुरू करता है—"दूसरी पार्टी क्या चाहती है?"

—पीटर ड्रकर

**

जिन लोगों के घर में अच्छे संबंध होते हैं, वे बाजार (कार्य) स्थल पर भी अधिक प्रभावी होते हैं।

—जिग जिगलर

**

एक टीम बनाने में खून, पसीना और आँसुओं की जरूरत होती है; लेकिन इस प्रयास के बदले वापसी (रिटर्न) बहुत बड़ा होता है।

—राम चरन

**

लोगों को मात्र देखने की अपेक्षा अच्छा यह है कि यदि वे गलत कर रहे हों तो उन्हें ठीक किया जाए। मुझे केवल गलत काम करनेवाले लोगों को ढूँढ़ने और उन्हें सुधारने पर ध्यान नहीं देना चाहिए। मुझे ऐसे लोगों की तलाश करनी चाहिए जो सही काम कर रहे हैं।

—रॉबिन एस. शर्मा

**

जब आप अपने लोगों (कर्मियों) को लाभ से पहले वरीयता देते हैं तो इसका अर्थ है कि आपने उनके दिलों को जोड़ने से भी प्रभावशाली तरीका अख्तियार किया है।

—रॉबिन एस. शर्मा

संगठन का उद्देश्य होता है—सामान्य लोगों को असामान्य कार्य करने के लिए योग्य बनाना।

—पीटर ड्रकर

**

विचार पानी के मोल होते हैं। लेकिन जो लोग उन्हें (विचारों को) कार्यान्वित करते हैं, वे अमूल्य होते हैं।

—मैरी के ऐश

**

अधिकार-संपन्न होना तथा महान् क्षमताओं से युक्त होना ही काफी नहीं है, जरूरत इस बात की है कि सही व्यवहार से युक्त हुआ जाए।

—राम चरन

**

यदि आप अच्छे लोगों से सौदा करते हैं तो आपको अनुबंध की जरूरत नहीं है; और यदि आप घटिया लोगों से सौदा करते हैं तो किसी भी अनुबंध से आपकी रक्षा नहीं हो सकती।

—एडम एम. एरोन

**

उत्कृष्ट प्रदर्शन करने वाले लोगों का स्वास्थ्य और संबंध दफ्तर और घर में औसत लोगों से बेहतर होता है। केवल काम में जुटे रहनेवाले लोगों का स्वास्थ्य और संबंध दफ्तर और घर में औसत लोगों से भी खराब होता है।

—चार्ल्स गारफील्ड

**

भविष्य की उपलब्धि की भविष्यवाणी अतीत के कार्य-संपादन के आधार पर की जा सकती है।

—पीटर ड्रकर

नौकरी पाना और उसमें लगातार आगे बढ़ने में 85 प्रतिशत कारण उस व्यक्ति का आचार-व्यवहार होता है। केवल 15 प्रतिशत कारण उसका तकनीकी या विशिष्ट कौशल होता है।

—हार्वर्ड ऐंड स्टैंफोर्ड युनिवर्सिटी के एक शोध का निष्कर्ष

**

अगर किसी कारोबार में दो व्यक्ति हमेशा हर बात पर सहमत हो जाते हैं तो उनमें से एक व्यक्ति अनावश्यक होता है।

—विलियम रिगली जूनियर

**

किसी नए पद के लिए कम-से-कम तीन उम्मीदवारों का इंटरव्यू करिए। जिस उम्मीदवार को आप पसंद करते हैं, उसका इंटरव्यू कम-से-कम तीन बार तीन विभिन्न जगहों पर करिए। फिर उसका इंटरव्यू कम-से-कम तीन अन्य व्यक्तियों से करवाइए।

—ब्रायन ट्रेसी

**

मैं अपने ग्राहकों की बात सुनने में नियमित रूप से बहुत अधिक समय खर्च करता हूँ। इसी तरह मैं ग्राहकों का सामना करने वाले अपने कर्मचारियों की बात सुनने में भी काफी समय खर्च करता हूँ।

—मोतीलाल ओसवाल

**

हमने ऐसे लोगों को कभी पसंद नहीं किया, जिन्होंने अपने वर्तमान रोजगार की बजाय अगले रोजगार पर अधिक ध्यान दिया।

—जैक वेल्च

**

किसी ने मुझसे मेरी सबसे बड़ी गलती के बारे में पूछा। मेरा उत्तर था—गलत कर्मियों को रखना।

—मोतीलाल ओसवाल

यह एक साधारण किंतु शक्तिशाली नियम है—

लोग आपसे जितनी अपेक्षा रखते हैं, हमेशा उससे अधिक उन्हें दीजिए।

—नेल्सन बॉसवेल

* *

यदि मैं अपने ग्राहकों और लोगों का ध्यान रखूँगा तो अवश्य वे मेरा ध्यान रखेंगे।

—अल्फ्रेड टी. मॉकेट

* *

असफल होने में कोई बुराई नहीं है, बशर्ते आप देर तक और ज्यादा नुकसान करके असफल न हों।

—एड्रियन जे. स्लीवोत्स्की

* *

बिजनेस की दुनिया में प्रत्येक व्यक्ति को दो तरह से भुगतान किया जाता है—नकद तथा अनुभव के रूप में। अनुभव सबसे पहले लीजिए, नकदी तो अपने आप आ जाएगी।

—हेरॉल्ड जिनीन

* *

जो लोग अपने बारे में अच्छा (श्रेष्ठ) सोचते हैं, वे अच्छा करते भी हैं।

—रॉबिन एस. शर्मा

* *

जोश और उत्साह मानसिक शक्ति से अधिक महत्त्वपूर्ण हैं।

—चार्ली मंजर

* *

प्रयास हमेशा पुरस्कृत होते हैं—कभी तत्काल तो कभी लंबे समय के बाद। अच्छे समय में कम प्रयास के बावजूद असंतुलित उत्तम पुरस्कार मिलता है। दूसरी तरफ चुनौतीपूर्ण समय में अधिक प्रयासों के बाद भी उनके समतुल्य पुरस्कार नहीं मिल पाता।

—मोतीलाल ओसवाल

एक टीम जिस निश्चय भावना के साथ खेलती है, उसमें उसकी सफलता निश्चित होती है। एक व्यक्ति को भाग्य अच्छा होने से टीम को सफलता नहीं मिल पाती। टीम को सफलता तभी मिलती है, जब अच्छा सामूहिक प्रयास किया गया हो।

—बेब रुथ

* *

अपको जो पारिश्रमिक मिलता है, वह आपकी प्रतिभा की तुलना में कम है। मिलनेवाले पारिश्रमिक से आपका मूल्य बहुत अधिक है।

—मैरलन ब्रैंडो

* *

उद्भ्रांत व्यक्ति बचा रहता है, लेकिन उत्साही व्यक्ति उन्नति करता है।

—जेरी पैरस

* *

जब आप मनपसंद कार्य शुरू करते हैं तो उसे जीवन में तत्काल करते हैं, अगले दिन नहीं।

—ब्रायन ट्रेसी

* *

सबसे अच्छा कार्य करने के लिए किसी बड़े नाम की जरूरत नहीं पड़ती।

—रॉबिन एस. शर्मा

* *

आशा आपका सबसे बड़ा हथियार है और आत्मविश्वास. सबसे पड़ी संपत्ति।

—धीरूभाई अंबानी

* *

प्रत्येक कठिनाई के बीच में अवसर छुपे होते हैं।

—अल्बर्ट आइंस्टीन

मेरी पहली वरीयता है—मेरा परिवार। दूसरी वरीयता है—मेरा पेशा। मेरी तीसरी वरीयता है—मेरी पहली और दूसरी वरीयता।

—शाहरुख खान

**

बिजनेस एक युद्ध है, जो दिमाग के हथियारों से लड़ा जाता है।

—अज्ञात

**

मैं सोचता हूँ, हमें आशावादी होने की जरूरत है।

—रॉबर्ट जे. इटन

**

चाहत के बिना क्षमता का होना निरर्थक है।

—जे. टिब्बन

**

सभी स्थितियों में अपने सही निर्णय का उपयोग करें। यह सर्वाधिक अच्छा नियम है।

—ब्रुस, जिम और जॉन नॉर्डस्ट्रॉम

**

समय-सीमा तक पहुँचकर कार्य करना मैं बहुत अच्छा नहीं मानता। मैं समय-सीमा से पहले कार्य करने की उम्मीद रखता हूँ।

—धीरूभाई अंबानी

**

मनपसंद कार्य करो। धन अपने आप आएगा।

—ग्रीर गार्सन

लोग जीवन में सबसे बड़ी गलती यह करते हैं कि जिस कार्य को करने में उन्हें आनंद आता है, उसे करने का प्रयास नहीं करते।

—मैल्कम एस. फोर्ब्स

* *

प्रथम दर्जे के कार्य-संपादन से शानदार उपलब्धि प्राप्त करना आसान है, जबकि अक्षम व्यक्ति के लिए साधारण योग्यता प्राप्त करना भी कठिन है।

—पीटर ड्रकर

* *

आप घोड़े को पानी तक तो ले जा सकते हैं, लेकिन घोड़ा पानी पीता है या नहीं, यह घोड़े पर निर्भर करता है, आप पर नहीं।

—हरमीन टोनिटा

* *

किसी व्यक्ति के जीवन की गुणवत्ता इस बात से तय होती है कि उसकी प्रतिबद्धता और शानदार उपलब्धि का कितना सीधा संबंध है। बिना परवाह किए प्रसास करने से, यानी यूँ ही प्रयास से कुछ नहीं होता।

—विंस लोंबार्डी

* *

अभिरुचि का बहुत बड़ा महत्त्व है। यह आपको दूसरों से अलग करती है।

—विंस्टन चर्चिल

* *

अधिकार 20 फीसदी दिए जाते हैं तथा 80 फीसदी लिये जाते हैं; इसलिए अधिकार लेने की कोशिश करें।

—पीटर यूबेरॉथ

* *

दूसरों से नहीं, बल्कि खुद से ही है मेरी प्रतियोगिता। मेरा लक्ष्य है—अपनी पिछली उपलब्धि से आगे बढ़ना।

—बिल गेट्स

वह व्यक्ति बहुत बड़ा बिजनेस नहीं कर सकता, जो सबकुछ स्वयं करना चाहता हो, स्वयं श्रेय लेना चाहता हो।

—एंड्रयू कार्नेगी

**

कर्मियों का चयन करते समय उनमें तीन बातों का ध्यान रखें—ईमानदारी, बुद्धिमत्ता और ऊर्जा। ध्यान रखें, यदि उनमें पहली बात नहीं है तो दूसरी अन्य बातें आपको नष्ट कर देंगी।

—वॉरेन बुफे

**

सफल होने के लिए यह जरूरी है कि आपके भीतर सफलता की चाहत विफलता के भय से अधिक होनी चाहिए।

—बिल कोस्बी

**

बहुत सारे असफल लोग इस बात से अनजान होते हैं कि सफलता के बहुत नजदीक होने के बावजूद वे कार्य छोड़ देते हैं।

—थॉमस एडिसन

**

मैं विफलता स्वीकार करता हूँ, क्योंकि प्रत्येक व्यक्ति कहीं-न-कहीं विफल होता है। लेकिन प्रयास न किया जाए, यह बात मुझे स्वीकार नहीं।

—माइकेल जॉर्डन

**

जब आप लोगों से सौदेबाजी करते हैं तो याद रखिए, केवल तर्क से काम नहीं चल सकता, भावनाओं का भी खयाल रखें।

—डेल कार्नेगी

□

गधों का वह समूह, जिसका नेतृत्व एक शेर कर रहा हो, शेरों के उस समूह को, जिसका नेतृत्व गधा कर रहा हो—आसानी से परास्त कर सकता है।

—सुकरात

नेतृत्व

जब आप किसी के भीतर या खुद में उत्तरदायित्व की बहुत बड़ी भावना को प्रोत्साहित करना चाहते हैं तो उपलब्धि की प्रत्याशा पर बल दें, न कि विफलता के भय पर।

—रोजर क्रॉफोर्ड

*** ***

दिमाग में हमेशा नवीनीकरण की बात, हृदय में दयाभाव और आवेग—इनमें यदि एक की भी कमी हो तो मैं नहीं समझता कि आप अच्छे प्रबंधक या अच्छे नेता हैं।

—आर.ए. माशेलकर

*** ***

जब आप कर्मियों को रखते हैं तो देखते हैं कि वे आपसे अधिक होशियार हों, लेकिन आप साबित करते हैं कि आप उनसे होशियार हैं।

—आर.एच. ग्रांट

*** ***

एक ऐसा नेता, जो कहता है कि कार्य के लिए मैंने दस प्राथमिकताएँ तय कर ली हैं, दरअसल उसे पता नहीं होता कि वह किसके बारे में बात कर रहा है।

—रामचरन और लैरी बोसिडी

*** ***

सफलता के तीन बुनियादी तत्त्व हैं—विश्वास, ध्यान लगाना तथा लगातार पीछा करना।

—रॉबर्ट शूलर

*** ***

अग्रणी (नेतृत्व करनेवाले) लोग पिछलग्गू नहीं पैदा करते। वे नेतृत्व करनेवाले और लोगों का निर्माण करते हैं।

—टॉम पीटर्स

नेतृत्व का सबसे कठिन कार्य यह है कि आप जो होते हैं, वैसा नहीं रह पाते अपितु दूसरे जैसा चाहते हैं, वैसा बन जाते हैं।

—एडवर्ड एल. फ्लॉम

* *

वे संगठन अस्तित्व बनाए रखते हैं तथा तेजी से आगे बढ़ते हैं, जो पूरी व्यवस्था यानी पूरे तंत्र में नेतृत्व की क्षमता विकसित करते हैं, बजाय यह मानने के कि नेतृत्व तो केवल शीर्ष पर स्थित होता है।

—मैक्स वेबर

* *

नेता बदलने का अर्थ होना चाहिए—समस्याओं की समाप्ति तथा अवसरों की उत्पत्ति।

—पीटर ड्रकर

* *

आप जो मापते हैं, वह पाते हैं तथा जितना आप करते हैं, उतना पुरस्कृत होते हैं।

—जैक वेल्च

* *

निर्माता इस बात पर अड़े रहते हैं कि प्रयास करने तथा विफल होने पर आत्मसम्मान की भावना जगती है, उसके बाद छोटी सफलता हाथ लगती है। फिर तो हर बार और बेहतर तरीके से कार्य किया जाता है और सफलता मिलती जाती है।

—अज्ञात

* *

सच्चाई यह है कि कोई भी एक तत्त्व कंपनी को प्रशंसा का पात्र नहीं बनाता। पर अगर आपको कोई एक तत्त्व चुनना हो, जो सबसे अधिक अंतर बनाता है, तो आप नेतृत्व को ही चुनेंगे।

—वॉरेन बुफे

बिजनेस में जिसे बॉस की जरूरत नहीं होती, उसका चयन बॉस के रूप में ही होता है।

—ज्योफ्री मॉस

* *

बिजनेस में 95 फीसदी सफलता इस बात पर निर्भर करती है कि आप कैसे लोगों का चयन करते हैं। इसलिए कर्मियों का चयन करते समय सही निर्णय लें।

—ब्रायन ट्रेसी

* *

सही नेतृत्व का अर्थ है कि सही लोगों को सही कार्य सौंपा जाए और उन्हें प्रोत्साहित किया जाए।

—अज्ञात

* *

विश्वास क्या है? मैं शब्दकोश की परिभाषा देता हूँ; लेकिन आप इसका अर्थ तभी जान पाएँगे जब महसूस करेंगे। विश्वास तभी आता है जब नेताओं में पारदर्शिता हो, सच्चाई हो तथा वे जो कहते हैं, उसका पालन करते हैं।

—जैक वेल्च

* *

इस दुनिया में वही आगे बढ़ते हैं जो जागते हैं, परिस्थितियों को देखते हैं तथा यदि परिस्थितियाँ अनुकूल नहीं हैं तो उन्हें अनुकूल बनाते हैं।

—जॉर्ज बर्नार्ड शॉ

* *

एक अच्छा नेता (नेतृत्व) अपने ऊपर दोषों की जिम्मेदारी ज्यादा लेता है, प्रशंसा की कम।

—जॉन सी. मैक्सवेल

जब तक आपका नेतृत्व नहीं है तब तक जो सफलता मिलती है, वह आपके अपने दम की सफलता होती है; लेकिन जैसे ही आप लोगों का नेतृत्व करने लगते हैं, तो जो सफलता मिलती है, वह दूसरों के दम पर मिलती है।

—जैक वेल्च

* *

अच्छे बॉस बनने के लिए जरूरी है कि उन्हें बताइए कि उनसे क्या अपेक्षाएँ की जाती हैं, जिनके लिए वे जिम्मेदार हैं। यह भी जानिए कि वे किस तरह कार्य करते हैं तथा कैसे अपने को सुधार सकते हैं।

—ज्योफ्री मॉस

* *

मौजूदा दौर की सफल कंपनियों का नेतृत्व जोखिम उठाता नहीं अपितु जोखिम का आकार रूपायित करता है।

—एड्रियन जे. स्लीवोत्स्की

* *

बिजनेस में सफलता का मंत्र है—शीर्ष स्तर की ठोस टीम का निर्माण।

—राम चरन

* *

पहले का नेतृत्व यह जानता था कि कैसे कहा जाए, लेकिन आज का नेतृत्व इस बात में विश्वास रखता है कि कैसे पूछा जाए।

—पीटर ड्रकर

* *

बॉस की रफ्तार टीम की रफ्तार होती है।

—ली लैकोका

दूरदर्शी नेतृत्व का एक महत्त्वपूर्ण कार्य यह है कि वह अपने लोगों के मस्तिष्क में सोई पड़ी प्राकृतिक मौलिक क्षमता को जाग्रत् करे।

—अज्ञात

* *

दूरदर्शी नेतृत्व अपना ध्यान सबसे अच्छी बातों पर केंद्रित करता है।

—अज्ञात

* *

बॉस के रूप में प्रत्येक व्यक्ति के अंतर्मन को स्पर्श करना आपका काम है। प्रत्येक क्षण आप कार्यालय में हैं तो आप निरर्थक हैं।

—जैक वेल्च

* *

यदि आपके कार्य दूसरों को अधिक प्रोत्साहित करते हैं, अधिक सीखने के लिए बाध्य करते हैं, अधिक कार्य करने तथा अधिक अच्छा बनने की तरफ ले जाते हैं तो इसका अर्थ है कि आप में नेतृत्व का गुण है।

—जॉन क्वींसी

* *

नेता समाधान के बारे में सोचते और बात करते हैं। अनुयायी समस्याओं के बारे में सोचते और बात करते हैं।

—अज्ञात

* *

आगे बढ़ने के अवसरों में प्रायः जोखिम भरा होता है।

—एड्रियन जे. स्लीवोत्स्की

* *

पानी के जहाज बंदरगाह में सबसे सुरक्षित होते हैं। लेकिन वे वहाँ रखने के लिए नहीं बनाए जाते। उनका निर्माण समुद्र में चलाने, समुद्री तूफानों का सामना करने एवं गंतव्य तक पहुँचाने के लिए होता है।

—नारायण मूर्ति

यदि मेरे पास कोई गुण है तो वह यह है कि लोगों से व्यक्तिगत रूप से उनके तौर-तरीकों तथा आचरण के अनुसार संबंधों को निभाना। यह बहुत कठिन कार्य है; लेकिन नेता होने के लिए लोगों से प्रगाढ़ता रखनी पड़ेगी।

—जे.आर.डी. टाटा

**

हम अपना बहुत अधिक समय नेताओं को यह बताने में लगाते हैं कि 'उन्हें क्या करना चाहिए'; लेकिन 'उन्हें क्या नहीं करना चाहिए', यह बताने में हम समय नहीं लगाते।

—पीटर ड्रकर

**

तर्क की बजाय विश्वास की गहराई से लोग अधिक आश्वस्त होते हैं। ठीक इसी प्रकार प्रमाण की बजाय आपके उत्साह से लोगों को अधिक यकीन होता है।

—जी. हेरॉल्ड मैक्लियोड

**

अधिक वेतन और कम दायित्व की स्थिति एक साथ शायद ही कभी मिले।

—नेपोलियन हिल

**

ध्यान केंद्रित करना और ऊर्जा बनाए रखना—सफलता के दो सबसे बड़े घटक हैं।

—सुमंत्र घोषाल

**

वास्तविक अनुशासन यह है कि गलत अवसरों को आप 'ना' कहना भी सीखें।

—पीटर ड्रकर

जब आप में आत्मविश्वास, साहस तथा चाहत का भाव हो तो आपका हृदय सहिष्णु होता है।

—जैक वेल्च

* *

नेता अच्छे चिंतनशील पाठक भी होते हैं।

—डायना बूहर

* *

इक्कीसवीं सदी में अधिकांश नेता (अग्रणी लोग) अपने जीवनकाल में चार या अधिक बार अपना व्यवसाय बदलेंगे।

—राम चरण

* *

उन संगठनों में संकट बना रहता है, जहाँ संकट का समाधान करने की बजाय कहा जाता है, ''एक मिनट प्रतीक्षा करो, यह काम नहीं करेगा, अब इसे दूर करो।''

—मार्शल गोल्डस्मिथ

* *

कंपनियों को तानाशाह राजा या शासक की जरूरत नहीं होती। उन्हें ऐसे नेतृत्व की जरूरत होती है, जो टीम के वास्तविक सवालों को जाने और उसका सही समाधान निकाले।

—टॉम नेफ

* *

कभी शिकायत मत करो, कभी सफाई मत दो।

—हेनरी फोर्ड-II

हमेशा त्वरित निर्णय लीजिए। किसी अच्छे नेता का यह सबसे महत्त्वपूर्ण गुण है। केवल लक्ष्य साधते रहने की मानसिकता का शिकार मत बनिए, बल्कि निशाना साधकर गोली चलाने के लिए तैयार रहिए।

—टी. बून पिकेंस

* *

सच्चा नेता वह है, जो लोगों को इस तरह बनाने की क्षमता रखता हो कि ज्ञान और क्षमता में वे (लोग) उससे आगे निकल जाएँ।

—फ्रेड ए. मैंस्क, जूनियर

* *

नेता का काम है कि वह संगठन का भविष्य देखे। वह यह न देखे कि संगठन कैसा है, अपितु यह देखे कि संगठन को कैसा होना चाहिए।

—जैक वेल्च

* *

अच्छे शब्द बोलना ही काफी नहीं होता है। वास्तविक महत्त्व तो निरंतर इस आदत को बनाए रखना है।

—डेविड कॉट्रेल

* *

नेतृत्व का गुण तैरने की तरह है, जो पढ़कर नहीं सीखा जा सकता।

—हेनरी मिंट्जबर्ग

* *

जब आपको निर्णय लेना हो तो सबसे अच्छी बात यह है कि सही कदम उठाएँ, उसके बाद सबसे अच्छा होगा कि आप गलत कदम उठाएँ, और सबसे खराब बात होगी कि आप कोई कदम न उठाएँ।

—रॉबर्ट ए. एनरिको

अच्छे प्रबंधन की चार मुख्य विशेषताएँ हैं—अच्छे लोगों (कर्मियों) का चयन, उनसे अपेक्षाओं की सही रूपरेखा, उनकी दक्षता की पहचान कर उनकी प्रशंसा करना तथा उनका ध्यान रखना।

—मार्कस बकिंघम

* *

यदि आप लोगों को बताते हैं कि कहाँ जाना है, लेकिन यह नहीं बताते कि कैसे जाना है, तो परिणाम आश्चर्यजनक होंगे।

—जॉर्ज एस. पैटन

* *

विलक्षण नेता अपने अनुयायियों के हृदयों का आह्वान करते हैं, न कि उनके मस्तिष्क का।

—अज्ञात

* *

सबसे अच्छे लोगों के बीच रहें, प्राधिकार (सत्ता) के प्रतिनिधि बनकर रहें तथा किसी भी नीति के साथ तब तक छेड़छाड़ न करें, जब तक सही तरीके से उसका पालन हो रहा हो।

—रोनाल्ड रीगन

* *

अच्छा नेता लोगों को इस बात के लिए प्रोत्साहित करता है कि वे अपने नेता के प्रति विश्वास रखें। महान् नेता लोगों को इस बात के लिए प्रोत्साहित करता है कि वे स्वयं के प्रति विश्वास पैदा करें।

—अज्ञात

□

ग्राहक का पूर्वग्रह ही आपकी वास्तविकता है।

—केट जैब्रिस्की

ग्राहक

ग्राहक के मामले में यह नहीं कहा जा सकता कि हर समय सबकुछ अच्छा ही हो। असली परीक्षा तब होती है जब चीजें सही नहीं हों।

—सर कॉलिन मार्शल

* *

हमें (यानी बोर्ड को) मार्केटिंग के तौर-तरीकों, यथा—ग्राहक-संतुष्टि, ब्रांड निष्पक्षता तथा ग्राहक-दायित्व का पुनरीक्षण करना चाहिए। ग्राहक को बोर्ड रूम तक आने दीजिए। **—अज्ञात**

* *

ग्राहक हम पर निर्भर नहीं हैं बल्कि हम लोग ग्राहक पर निर्भर हैं। ग्राहक हमारे कार्य में बाधक नहीं होता है बल्कि वह कार्य का उद्देश्य है। **—लिओन लिओनवुड बीन**

* *

बिजनेस में ग्राहक सुधार के लिए भुगतान नहीं करना पड़ता।

—पीटर ड्रकर

* *

यदि आप ध्यान नहीं देंगे, आपका ग्राहक भी आपकी तरफ ध्यान नहीं देगा। **—मार्लिन ब्लाज्स्जी**

* *

आप ग्राहक से यह नहीं पूछ सकते कि वे क्या चाहते हैं, ताकि उन्हें वह देने का प्रयास करें। कुछ समय बाद पता चलता है कि उन्हें कुछ नया चाहिए।

—स्टीव जॉब्स

* *

केवल एक बॉस होता है; और वह है—ग्राहक। वह कंपनी के किसी भी व्यक्ति, चेयरमैन से लेकर नीचे दरजे के कर्मचारी तक की आलोचना कर सकता है। और वह ऐसा उस कंपनी की बजाय कहीं और धन व्यय करके भी कर सकता है।

—सैम वॉल्टन

सबसे अच्छा सिद्धांत है—कम वायदे कीजिए, पर पूरे उनसे ज्यादा कीजिए।

—रिचर्ड डेनी

* *

ग्राहक ऐसे लोग होते हैं, जिनके बारे में अनुमान नहीं लगाया जा सकता। वे भावुक होते हैं, जिज्ञासु होते हैं तथा उनमें बदलाव होता रहता है। ग्राहक को स्थिर नहीं रखा जा सकता। वे कभी प्रोडक्ट के प्रति आकर्षित होते हैं तो कभी उसकी कीमत के प्रति, तो कभी ब्रांड के प्रति। उनमें ये भाव कभी स्थिर नहीं होते।

—एड्रियन जे. स्लीवोत्स्की

* *

ग्राहक सेवा मात्र एक विभाग नहीं है अपितु यह अभिरुचि से संबद्ध है।

—मैक एंडरसन

* *

किसी भी उद्यम (बिजनेस) के बारे में एक सबसे महत्त्वपूर्ण बात यह है कि उसकी चारदीवारी के भीतर कोई परिणाम नहीं निकलता। बिजनेस में परिणाम ग्राहकों की संतुष्टि के आधार पर निकलता है।

—पीटर ड्रकर

* *

बिजनेस टेनिस के खेल की तरह है। जो खिलाड़ी ठीक शुरुआत करता है, बिरले ही हारता है।

—अज्ञात

* *

पहला किंतु अच्छा प्रभाव बनाने के लिए शायद ही आपको दूसरा मौका मिलता है।

—विल रोजर्स

* *

ग्राहकों का पीछा कीजिए, प्रतिस्पर्धियों का नहीं।

—वेणु श्रीनिवासन

किसी भी ग्राहक की सेवा करने से पहले उससे तीन सवाल पूछें—

(1) मेरा प्रोडक्ट या सेवा को लोग क्यों खरीदते हैं?

(2) यदि मैं उनकी सेवा से खुद को अलग कर लूँ तो क्या परिणाम होगा?

(3) मैं अपनी कंपनी के माध्यम से उनके अनुभवों में कैसे सुधार कर सकता हूँ?

—लिंडा बायर्स स्विंडलिंग

* *

उन्हें (ग्राहकों को) सही बात बताइए, क्योंकि सबसे बड़ा कारण है कि ऐसा करना अच्छी बात है। दूसरा कारण यह है कि यदि आप उन्हें सही बात नहीं बताएँगे तो भी वे सच्चाई का पता लगा ही लेंगे।

—पॉल गैल्विन

* *

कीमत और गुणवत्ता—इन दो बातों पर ध्यान देते हुए (बिजनेस की) शुरुआत कीजिए। इस खेल में इन्हीं दो बातों की जरूरत होती है। सेवा भाव के माध्यम से यह खेल जीता जा सकता है।

—टॉनी एलीसांड्रा

* *

पहला नियम—

ग्राहक हमेशा सही होते हैं।

दूसरा नियम—

यदि वे सही नहीं हैं तो पहले नियम से संदर्भ लें।

—सेथ गॉडिन

* *

ग्राहकों का उद्देश्य उत्पादक (निर्माता) के लाभ का ध्यान रखना नहीं, बल्कि अपने लिए लागत कम करना होता है।

—पीटर ड्रकर

* *

* *

आपके सबसे असंतुष्ट ग्राहक सीखने के सबसे अच्छे स्रोत हैं।

—बिल गेट्स

पुराने ग्राहकों को बनाए रखने पर ध्यान केंद्रित कीजिए। उनसे आपका बिजनेस अधिक हो सकता है। पुराने ग्राहक आपके लिए नए ग्राहक भी बना सकते हैं।

—अनुराग मेहरा

**

सही या गलत! ग्राहक हमेशा सही होता है।

—मार्शल फील्ड

**

यह जानने की कोशिश कीजिए कि आपके ग्राहक सबसे अधिक क्या चाहते हैं और आपकी कंपनी सबसे अच्छा क्या दे सकती है। इस बात पर ध्यान दें कि ये दोनों किस बिंदु पर मिलते हैं।

—केविन स्टीट्र्ज

**

क्षुब्ध ग्राहक की ताकत को कम करके मत आँकिए।

—जोएल रॉस

**

गुणवत्ता वह नहीं है जिसे आप किसी सेवा या उत्पाद में समाहित करते हैं, बल्कि वह है जो आपके ग्राहक को उस उत्पाद में मिलती है।

—पीटर ड्रकर

□

यदि आप में प्रतिस्पर्धा की शक्ति और सामर्थ्य नहीं है तो स्पर्धा मत कीजिए।

—जैक वेल्च

प्रतियोगिता

अपने प्रतियोगियों से अधिक तेजी से सीखने की क्षमता से ही आपको प्रतियोगिता का सबसे उपयुक्त लाभ मिल सकता है।

—एरी डी गीस

* *

प्रतियोगिता में मुकाबला करने का सबसे अच्छा तरीका यह है कि प्रतियोगिता में मुकाबला करने का प्रयास छोड़ दीजिए।

—डब्ल्यू. चान किम और रेनी मॉबरग्न

* *

बिजनेस में यदि आप दौड़ते हैं तो प्रतियोगिता आपको खा जाएगी। दूसरी तरफ, यदि आप शांत खड़े हो जाते हैं तो वह आपको निगल जाएगी।

—विलियम नुडसन

* *

एक घोड़े को जब दूसरे घोड़ों को पकड़ना होता है तथा उन्हें दौड़ से बाहर करना होता है तो वह उतना तेज नहीं दौड़ता।

—ओविड

* *

शिकायत करना बंद कीजिए।

अपने प्रतियोगियों से खुद को अलग कीजिए। बतख की तरह न बनकर गिद्ध की तरह बनिए। बतख काँ-काँ करके शिकायत करते हैं, लेकिन गिद्ध भीड़ पर पैनी दृष्टि रखता है।

—वायन डायर

* *

आपका प्रतियोगी कुछ करे, इससे पहले अपने उत्पाद को आप दुरुस्त करें।

—पीटर ड्रकर

* *

अब बड़ा छोटे को परास्त नहीं करेगा। तेज चलनेवाला धीमे चलनेवाले को परास्त करेगा।

—रूपर्ट मर्डोक

यदि आप एक अद्वितीय प्रतियोगी को उसके अपने ही खेल में परास्त नहीं कर सकते तो खेल का एक अलग तरीका ईजाद कीजिए।

—एड्रियन जे. स्लीवोत्स्की

* *

अपनी इंडस्ट्री में तेज गति से आगे बढ़ने के लिए कुछ बातों पर ध्यान देना जरूरी है—लागत लाभ, नया और अच्छा वितरण माध्यम, सेवा विस्तार, अच्छी तकनीक, ग्राहकों के बारे में अच्छी जानकारी तथा प्रभावशाली संगठन।

—लैरी बोसिडी और राम चरन

* *

बड़े कार्य करना हमेशा आसान होता है, क्योंकि वहाँ प्रतियोगिता नहीं होती।

—विलियम वान हॉर्न

* *

आपकी गुडविल एकमात्र ऐसी संपदा है, जिसे आपके प्रतियोगी न तो कम कर सकते हैं और न नष्ट।

—मार्शल फील्ड

* *

सर्वोत्तम घोड़े से कोई भी दौड़ जीत सकता है। यदि आप दूसरे या तीसरे नंबर के सर्वोत्तम घोड़े से दौड़ जीतते हैं तो यह आपकी महानता है।

—विकी एरागॉन

□

कार्य-निष्पादन की भावना हमेशा उत्साह से आती है, दबाव से नहीं।

—लैरी बोसिडी

अनुपालन

अपने सबसे महत्त्वपूर्ण कार्य पर आप अकेले ध्यान केंद्रित करके तय समय से आधा या उससे भी अधिक समय बचा सकते हैं।

—ब्रायन ट्रेसी

* *

हम पंचांग (कैलेंडर) से बहुत कुछ सीखते हैं। इससे हम पूरे साल के लिए कार्य-योजना बनाते हैं और उसे समय से पूरा करते हैं।

—ज्योफ्री मॉस

* *

सफलता महत्त्वपूर्ण और शीघ्र निर्णय लेने से नहीं मिलती अपितु महत्त्वपूर्ण निर्णय पर शीघ्र कार्य करने से मिलती है। **—अज्ञात**

* *

अच्छी तरह से शुरू किया गया कार्य आधा पूरा माना जाता है।

—प्लेटो

* *

जिस खेल की आपने शुरुआत ही नहीं की, उसे आप जीत कैसे सकते हैं? **—रॉबिन एस. शर्मा**

* *

सफलता की रणनीति है—

30 फीसदी सोचना, 10 फीसदी लिखना और 60 फीसदी कार्य का निष्पादन करना।

—मोतीलाल ओसवाल

* *

कर्ज लेनेवाले की स्मृति कर्ज देनेवाले से अधिक तेज होती है।

—बेंजामिन फ्रैंकलिन

योजना बनाने में लगाया एक मिनट कार्य निष्पादन में दस मिनट बचाता है; यानी लगाई गई ऊर्जा का 1,000 परसेंट रिटर्न!

—ब्रायन ट्रेसी

* *

योजना बनाने में धैर्य और कार्य की शुरुआत करने में धैर्य न होने (यानी कार्य तत्काल शुरू करने) के परिणाम चमत्कारी होते हैं।

—अज्ञात

* *

क्षमता का होना अच्छी बात है, लेकिन कार्य-निष्पादन करके सुपरिणाम दे पाना ही श्रेयस्कर है।

—जिबेंगा ओसुनलेये

* *

कार्य-निष्पादन का कोई विकल्प नहीं है। उद्यमी होने की यही शुरुआत है और यही अंत।

—अजीम प्रेमजी

* *

कार्य-निष्पादन का अर्थ हर बार सटीक निशाना साधने की तरह नहीं होता, यह तो सर्कस के कार्य जैसा होता है।

—पीटर ड्रकर

* *

सही शुरुआत के लिए फैसले मददगार होते हैं, लेकिन सही तरह से कार्य पूरा करने के लिए अनुशासन की जरूरत होती है।

—अज्ञात

* *

ध्यान केंद्रित करके एक समय में एक कार्य करने की क्षमता से सफलता का निर्धारण होता है।

—ब्रायन ट्रेसी

अनुशासन लक्ष्य और कार्य पूरा करने के बीच पुल की तरह होता है।

—जिम रॉन

* *

सफलता अनुशासन के ढेर पर टिकी होती है।

—अल टॉमसिक

* *

औजारों से भरा बक्सा किसी को महान् बढ़ई नहीं बना सकता।

—अज्ञात

* *

90 फीसदी नेतृत्व की सफलता कार्य को पूरा करने तथा प्राप्त ज्ञान के आधार पर सही कार्यान्वयन एवं अनुपालन से मिलती है।

—रॉबिन एस. शर्मा

* *

कार्य को जब तक किसी को सौंपा न जाए और उत्तरदायित्व के साथ समय सीमा के भीतर पूरा न किया जाए, तब तक कार्य का फैसला मात्र आशा की किरण की तरह होता है।

—पीटर ड्रकर

* *

शुरू करने का तरीका है—बातचीत बंद करके कार्य करने में लग जाना।

—वॉल्ट डिज्नी

* *

सामान्य समझ दुनिया में असामान्य बात है।

—ट्रायन एडवर्ड्स

अगर सबकुछ नियंत्रण में दीख रहा है तो आप तीव्र गति से नहीं चल रहे।

—मैरिओ एनड्रेटी

* *

अवसर सूर्योदय की तरह होते हैं। जब आप देर तक उनकी प्रतीक्षा करते हैं तो उन्हें खो देते हैं।

—विलियम आर्थर वार्ड

* *

बहुत सारे लोगों के पास विचार होते हैं; लेकिन बहुत कम लोग होते हैं, जो तत्काल कार्य करना शुरू करते हैं। ऐसे लोग कल नहीं, अगले हफ्ते नहीं बल्कि आज से शुरुआत करते हैं। सच्चा उद्यमी कार्य करने में यकीन करता है, सपने देखने में नहीं।

—नॉलन बुशनेल

* *

कई बहुत बड़े विचार ऐसे होते हैं, जो कार्य-रूप नहीं ले पाते, और कई कार्य-निष्पादक बिना विचारों के होते हैं। एक के बिना दूसरे का होना व्यर्थ है।

—टिम ब्लीक्सेथ

* *

सबसे अच्छे की उम्मीद कीजिए, सबसे खराब की योजना बनाइए और आश्चर्यचकित होने के लिए तैयार रहिए।

—डी वैटली

□

छोटे खर्चों के प्रति भी सावधान रहिए। एक छोटा सा छेद भी पानी के बड़े जहाज को डुबो देता है।

—बेंजामिन फ्रैंकलिन

लागत प्रबंधन

लागत पर नियंत्रण का अर्थ लागत में कमी करना नहीं है, अपितु लागत बचाना है। **—पीटर ड्रकर**

**

जब भी हम मूर्खतापूर्वक एक रुपया खर्च करते हैं, यह रकम हमारे ग्राहकों की जेब से आती है।

जब भी हम एक रुपया बचाते हैं तो यह रकम हमें स्पर्धा में एक कदम आगे बढ़ाती है।

—सैम वॉल्टन

**

खराब गुणवत्ता की लागत के परिणाम स्पष्ट हैं। इसका प्रभाव आपके ग्राहकों तथा आप पर पड़ेगा और अंततः आपके बिजनेस की सफलता भी इससे प्रभावित होगी। **—सुबीर चौधरी**

**

पैसे की बचत यदि खराब बात है तो मैं अच्छा नहीं बनना चाहता। **—विलियम शैटनर**

**

कार्य अगर रुक भी जाता है, खर्चे नहीं रुकते।

—कैटो

**

जैसे ही हम लागत की गणना शुरू करते हैं, लागत शुरू हो जाती है। **—हेनरी डेविड थोरीउ**

□

हमें ज्ञान के बारे में लालची होना चाहिए।

—मोतीलाल ओसवाल

ज्ञान

किसी भी संस्था की क्षमता इस बात में निहित होती है कि वह ज्ञान दे तथा उस ज्ञान को तत्काल कार्यरूप में परिणत कराए। ऐसा करने से उसे अंतत: प्रतियोगिता में व्यावसायिक लाभ मिलता है।

—जैक वेल्च

* *

मैं ऐसे किसी व्यक्ति को नहीं जानता, जो समझदार तो हो, पर खूब पढ़ता नहीं हो। लेकिन इतना ही होना काफी नहीं है। आपको विचारों को पकड़ने की क्षमता विकसित करनी होगी और समझदारीपूर्ण कार्य करने होंगे। अधिकांश लोग अच्छे विचार को नहीं पकड़ पाते या यह नहीं जानते कि अच्छे विचारों के साथ क्या किया जाए।

—चार्ली मंजर

* *

पारंपरिक पदानुक्रम संस्था में शीर्ष पर बैठे लोग चिंतन करते हैं तथा नीचे के लोग उसे कार्यरूप देते हैं; लेकिन चिंतनशील संस्था में हर व्यक्ति का दायित्व सोचने का और उसे कार्य-रूप देना होता है।

—पीटर सेंज

* *

पहले कभी संपदा की माप सोने से होती थी, लेकिन अब उसका पैमाना ज्ञान है। आप धन की माप कर सकते हैं।

—डायना बूहर

* *

ज्ञानात्मक संस्था में सीखना और सिखाना दोनों कार्य होते हैं।

—पीटर ड्रकर

* *

मैंने पता लगाया कि दुनिया को किस चीज की जरूरत है और तब मैंने आविष्कार करना शुरू किया। **—थॉमस अल्वा एडिसन**

केवल आपका ज्ञान महत्त्वपूर्ण नहीं है अपितु ज्ञान को अद्यतन करते रहना अधिक महत्त्वपूर्ण है।

—अजीम प्रेमजी

संसार में यदि आप सीखना बंद कर देते हैं तो आपकी स्थिति बहुत खराब हो सकती है।

—चार्ली मंजर

* *

अच्छी पुस्तकों को पढ़ने का अर्थ है—विगत सदी के सबसे अच्छे लोगों से बातचीत करना।

—डेस्काट्र्स

* *

उन विचारों का स्वागत कीजिए, जो आपके अपने नहीं हैं। ऐसी स्थिति बनाइए कि दूसरे आपसे विचारों का आदान-प्रदान करें—यदि उनके विचार आपके विचारों से न मिलते हों, तब भी।

—जॉन बाल्डोनी

* *

सीखने की संस्कृति का अर्थ है—गलतियों का होने देना, लेकिन यह निश्चित करना कि वे दोबारा न हों।

—जेरार्ड क्लीस्टर्ली

* *

जिसके पास धन होता है, उनके बहुत शत्रु होते हैं; लेकिन जिसके पास ज्ञान होता है, उसके कई मित्र होते हैं।

—हैड्रेट अली

□

किसी संगठन में मार्केटिंग और नवीनीकरण लाभ के केंद्र हैं, जो बिजनेस में कीमत को बढ़ाते हैं। अन्य सभी गतिविधियाँ लागत से संबद्ध होती हैं।

—पीटर ड्रकर

नवीनीकरण

प्रत्येक संस्था को एक मुख्य क्षमता की जरूरत होती है, वह है—नवीनीकरण। **—पीटर ड्रकर**

* *

मूल्यवान नवीनीकरण तब होता है जब कंपनियाँ नवीनीकरण को उपयोगिता, मूल्य और लागत स्थितियों से जोड़ती हैं।

—डब्ल्यू. चान किम और रेनी मॉबोर्न

* *

यदि आप सफल होना चाहते हैं तो आपको नए रास्तों की तलाश करनी चाहिए, बजाय अर्जित सफलता के पुराने घिसे-पिटे रास्ते पर चलने से। **—जॉन डी. रॉकफेलर**

* *

वृद्धिवाद नवीनीकरण का सबसे बड़ा दुश्मन है।

—निकोलस नेग्रोपोंटे

* *

यदि मैंने ग्राहकों को सुना होता तो उन्हें और अधिक तेज दौड़नेवाला घोड़ा दे देता। **—हेनरी फोर्ड**

* *

यदि आप लाभ की स्थिति में नहीं हैं तो भविष्य में नहीं टिक सकते। यदि आप नवीनीकरण यानी नए पथ पर नहीं चलना चाहते तो आपका कोई भविष्य नहीं है। **—सी.के. प्रह्लाद**

* *

आज की बिजनेस की इस दुनिया में जो आप बनाते हैं, अगर उसे बेच नहीं पाते तो आपका रचनात्मक मौलिक चिंतक होना निरर्थक है। **—डेविड ओगिल्वी**

□

कॉरपोरेशन अपने बजट की 50 से 70 फीसदी रकम लोगों के वेतन पर खर्च करते हैं और पूरे बजट का 1 फीसदी से भी कम हिस्सा प्रशिक्षण पर खर्च करते हैं।

—रॉबिन एस. शर्मा

प्रशिक्षण

सर्वाधिक लाभ कमानेवाली कंपनियाँ विक्रय प्रशिक्षण पर काफी रकम खर्च करती हैं; जबकि कम लाभ कमानेवाली कंपनियाँ प्रशिक्षण पर कुछ खर्च नहीं करतीं।

—ब्रायन ट्रेसी

* *

श्रेष्ठता एक कला है, जो प्रशिक्षण और आदत डालने से प्राप्त होती है।

—अरस्तू

* *

ऐसा कुछ नहीं है, जो प्रशिक्षण से नहीं किया जा सके। इसकी पहुँच से परे कुछ नहीं है। प्रशिक्षण के द्वारा अनैतिक को नैतिक बनाया जा सकता है तथा सिद्धांत-विहीन व्यक्ति को सिद्धांतवाला बनाया जा सकता है।

—मार्क ट्वेन

* *

जो मैं सुनता हूँ, उसे भूल जाता हूँ। जो मैं देखता हूँ, उसे याद रखता हूँ। जो मैं करता हूँ, उसे समझता हूँ।

—कन्फ्यूशियस

* *

आप विजेता बनने के लिए पैदा हुए थे, लेकिन विजेता बनने के लिए आपको योजना बनानी चाहिए, विजेता बनने की तैयारी करनी चाहिए तथा विजेता बनने की उम्मीद रखनी चाहिए।

—जिग जिगलर

□

यदि आप प्रथम आ सकते हैं तो आइए। यदि आप प्रथम नहीं आ सकते तो एक ऐसी नई श्रेणी बनाइए, जिससे आप प्रथम आ सकते हैं!

—अल राइज और जैक ट्रॉट

ब्रांड

कंपनियाँ ब्रांड को इसलिए पसंद करती हैं, क्योंकि इससे मुनाफा होता है, बिक्री बढ़ती है, लोगों के बीच अच्छी छवि बनती है और साथ-ही-साथ आंशिक तौर पर प्रतियोगिता से सुरक्षा मिलती है।

—एड्रियन जे. स्लीवोत्स्की

∗∗

कोई भी ब्रांड जीवित वस्तु होता है। समय गुजरने के साथ उसे हजारों छोटे-छोटे कार्यों से मजबूत या कमजोर बनाया जा सकता है।

—माइकल इस्नर

∗∗

ब्रांड दिल और दिमाग दोनों पर राज करता है।

—स्कॉट टैल्गो

∗∗

एक व्यक्ति के लिए जो महत्त्व प्रतिष्ठा का है, वही महत्त्व कंपनी के लिए ब्रांड का है।

—जैफ बेजोस

∗∗

ग्राहक के दिमाग तक पहुँचने के लिए त्याग करना पड़ता है। आपको ब्रांड को ऐसी विशेषताओं से युक्त बनाना पड़ता है, जो अन्यत्र न हो।

—लॉरा राइज

□

अतिरिक्त मील के आगे ट्रैफिक जाम नहीं है।

—रॉजर स्टॉबैच

कड़ी मेहनत

हजार बार निशाना चूकने के फलस्वरूप ही मछली की आँख में तीर का निशाना सही बैठता है।

—बौद्ध कहावत

* *

प्रयास, प्रयास, प्रयास और लगातार प्रयास करते रहकर ही आप किसी भी क्षेत्र में विशेषज्ञ बन सकते हैं।

—डब्ल्यू. क्लीमेंट स्टोन

* *

मुफ्त का खाना तो चूहा फँसाने के पिंजड़ों में ही मिलता है।

—जॉन कैपजी

* *

साधारण और असाधारण में अंतर यह होता है कि असाधारण थोड़ा अलग, थोड़ा हटकर होता है। **—जिमी जॉनसन**

* *

आदमी जब प्रयास करना नहीं छोड़ता है तो प्रतिफल अवश्य मिलता है। **—नेपोलियन हिल**

* *

सही सोच, अच्छी रणनीति और उच्चतम बुद्धिमत्ता होने के बावजूद कठिन परिश्रम और उत्साह न हों तो बहुत अधिक उपलब्धि हासिल नहीं हो सकती।

—अजीम प्रेमजी

□

संप्रेषण में महत्त्वपूर्ण बात यह है कि जो न कहा गया हो, उसे सुना जाए।

—पीटर ड्रकर

संप्रेषण

आज संप्रेषण अपने आप में समस्या बन गया है। हम दुनिया का पहला अति संप्रेषणवाला समाज बन गए हैं। हर साल हम अधिक संदेश भेजते हैं, लेकिन हमारे पास कम संदेश आते हैं।

—अल राइज

* *

संप्रेषण की कला का अर्थ है—भाषा का नेतृत्व।

—जेम्स ह्यूम्स

* *

यदि मुझे दस मिनट बोलना है तो एक हफ्ते तैयारी के लिए चाहिए। यदि पंद्रह मिनट बोलना है तो तैयारी के लिए तीन दिन चाहिए। आधा घंटा बोलना है तो तैयारी के लिए दो दिन चाहिए और एक घंटा बोलना हो तो मैं अभी बोलने के लिए तैयार हूँ।

—वुडरो विल्सन

* *

दो कान और एक मुँह हमें इसलिए मिला है, ताकि हम सुनें ज्यादा और बोलें कम। **—जेनो ऑफ सिटिअम**

* *

जब आँखें और जीभ दोनों अलग-अलग भाषा बोलती हैं तो एक व्यावहारिक व्यक्ति आँखों की भाषा पर विश्वास करता है।

—आर.डब्ल्यू. इमर्सन

* *

बातचीत की सही कला सिर्फ यह नहीं है कि सही बात सही जगह पर कही जाए, बल्कि यह भी है कि क्रोध की स्थिति में गलत बातें न कही जाएँ। **—डोरोथी नेविल**

□

सफलता के शिखर पर जाते समय नीचे आने के लिए भी तैयार रहिए।

—बारबरा जी. बर्गर

विपरीत परिस्थिति

मैं पुन: आऊँगा और आप पर विजय हासिल करूँगा; क्योंकि पर्वत के रूप में आप स्थिर रहेंगे, लेकिन व्यक्ति के रूप में मेरा विस्तार और विकास होता रहेगा।

—एडमंड हिलेरी (एवरेस्ट के प्रति)

* *

विफलता बुद्धिमत्ता के साथ दुबारा कार्य प्रारंभ करने का अवसर प्रदान करती है। **—हेनरी फोर्ड**

* *

जब बहुत अधिक अँधेरा हो तभी आप तारों को देख सकते हैं।

—आर.डब्ल्यू. इमर्सन

* *

मैंने सीखा है कि सफलता पाने के लिए गलती शिक्षक की भूमिका निभाती है। **—जैक वेल्च**

* *

प्रत्येक हार, प्रत्येक विफलता तथा प्रत्येक नुकसान में इस बात के बीज छुपे होते हैं कि सफलता के लिए अगली बार अपने प्रदर्शन को सुधारा जाए। **—ओग मैंडिनो**

* *

पतंगें आकाश में सबसे अधिक ऊँचाई पर हवा के खिलाफ उड़ती हैं, हवा के साथ नहीं।

—विंस्टन चर्चिल

* *

उद्यमी वे हैं, जो यह समझते हैं कि बाधा और अवसर के बीच बहुत कम अंतर होता है। वे इन दोनों को अपने अनुकूल बना लेते हैं।

—निकोलो मैकियावेली

जीवन का महत्त्व गिरने में नहीं, बल्कि हर बार गिरकर उठने और आगे बढ़ने में है।

—नेल्सन मंडेला

**

गिरना तब तक अच्छा है जब यह आदत न बन जाए।

—माइकल डी. इज्नर

**

जो भी वास्तविकता है, उसे स्वीकारिए, न कि जैसी वह थी या जैसा आप चाहते हैं।

—जैक वेल्च

**

मुसीबत कुछ लोगों को तोड़ देती है तो कुछ के लिए रिकॉर्ड तोड़ने का कारण बनती है।

—विलियम ए. वार्ड

**

मैंने सफलताओं की अपेक्षा विफलताओं और कठिनाइयों से अधिक सीखा है

—अजीम प्रेमजी

□

बैठक में प्रत्येक विचार-विमर्श के दौरान लोगों की रुचि घटते ग्राफ की तरह होती है। जितनी अधिक देर विचार-विमर्श चलता है, उतने ही कम लोगों की रुचि उसमें रह जाती है।

—मार्क मैककॉरमैक

व्यापारिक समझ के फायदे

बाजार शोध के आधार पर कंपनी चलाना ठीक वैसा ही है, जैसा गाड़ी चलाने के दौरान दर्पण के पिछले भाग को देखना।

—अनिता रॉडिक

* *

किसी विचार को नष्ट कर देने का सबसे अच्छा तरीका यह है कि उसे किसी बैठक में चर्चा का विषय बनाया जाए।

—ज्योफ्री मॉस

* *

क्या वास्तव में हमें अधिक समय की जरूरत है या जो समय हमारे पास है, उसका बुद्धिमत्तापूर्ण उपयोग करने की ?

—एमी जोन

* *

मेरे आधे विज्ञापन बेकार जाते हैं, लेकिन समस्या यह है कि कौन से आधे, मैं नहीं ज़ानता।

—विलियम लीवर, लॉर्ड लीवरह्यूल्म

* *

जब किसी संस्था में बाहर हो रहे बदलाव की तुलना में भीतर का बदलाव कम हो तो समझ लें कि उसका अंत नजदीक है।

—जैक वेल्च

* *

छूट दवाई की तरह होती है। यह आपको थोड़ी देर के लिए राहत दे सकती है, लेकिन बाद के समय के लिए बहुत हानिकारक होती है।

—डायटर जेत्शी

* *

बिजनेस में आनंद जैसी कोई चीज नहीं है। यहाँ केवल तनाव और तनाव से मुक्ति दिखाई पड़ती है।

—लैरी एलिसन

कभी पीछे मुड़कर मत देखिए, जब तक आप वापस पीछे जाने की योजना न बना रहे हों, कोई योजना बनाने के लिए पीछे न मुड़ना पड़े।

—हेनरी डेविड थोराउ

**

जब सफलता का अर्थ केवल धन, ख्याति और ताकत हो तो यह दूरगामी तथा संतोषप्रद नहीं होती।

—एड पॅनहोट

**

हम अकसर समस्याओं से पार पाने के लिए इतना अधिक समय लगा देते हैं कि अपना रास्ता ही भूल जाते हैं कि हमें किधर जाना है।

—पीटर सेंज

**

अपने प्रारब्ध पर स्वयं नियंत्रण कीजिए, अन्यथा कोई और कर लेगा।

—जैक वैल्च

**

ऐसे व्यक्ति को प्रबंधन कार्यों में नहीं लगाना चाहिए, जो लोगों की अच्छाइयों के बजाय केवल कमजोरियों पर ध्यान केंद्रित करता हो।

—पीटर ड्रकर

**

जीवन में सबसे बड़े भ्रमों में से एक भ्रम यह है कि हम सोचते हैं कि आज की अपेक्षा कल हमारे पास अधिक समय होगा।

—अज्ञात

किसी अराजक संगठन में लोगों को सबल करने के प्रतिकूल नतीजे निकल सकते हैं।

—पीटर सेंजे

* *

बेतरतीब डेस्क बेतरतीब दिमाग की ओर संकेत करता है।

—लॉरेंस जे. पीटर

* *

दो तरह के लोग सफल नहीं हो सकते—एक वो, जो किसी की नहीं सुनते और दूसरे वो, जो सबकी सुनते हैं।

—अज्ञात

* *

अधिकतम सफलता का क्षण अधिकतम जोखिम का क्षण होता है।

—एड्रियन जे. स्लीवोत्स्की

* *

जब किसी कार्य के लिए दो या दो से अधिक लोग जिम्मेदार हों तो इसका अर्थ है कि कोई भी जिम्मेदार नहीं है।

—अज्ञात

* *

जो आदमी दो चूहों का पीछा करता है, वह किसी को भी नहीं पकड़ पाता।

—कन्फ्यूशियस

* *

जब टीम मुसीबत में हो तो उसका एक संकेत यह है कि कई घंटों की बैठक के बाद कुछ ही सवाल सामने आ पाते हैं।

—पीटर सेंज

* *

जब आप लोगों के बीच दीवार खड़ी करते हैं तो आपको भेड़ ही मिल सकती हैं।

—विलियम मैकनाइट

कई कंपनियों के साथ एक गंभीर समस्या यह है कि वे अपने प्रोडक्ट और अपने इतिहास से गहरा प्रेम करती हैं।

—ब्रायन ट्रेसी

* *

टूटे घरों और टूटे व्यक्तिगत संबंधों की नींव के आधार पर कोई चिंतनशील संस्था नहीं बन सकती।

—पीटर सेंज

* *

प्रत्येक ज्ञापन की गोपनीयता भंग होती है। जिस ज्ञापन पर 'गोपनीय' लिखा रहता है, उसकी गोपनीयता और तेजी से खत्म होती है।

—रॉबर्ट रीच

* *

किसी संगठन में जब बहुत अधिक नेता हो जाते हैं तो कर्मचारी अपनी पूरी क्षमता से काम नहीं कर पाते। इसकी कीमत संगठन और खुद नेताओं को चुकानी पड़ती है। लेकिन ऐसा होना नहीं चाहिए।

—एरिक हार्वे

□□□